SPOT

AYUDANTES DE LA COMUNIDAD

MECÁNICOS

por Golriz Golkar

amicus LEARNING

taller mecánico

neumático

Busca estas palabras e imágenes mientras lees.

batería

motor

Los mecánicos nos ayudan. ¿Qué hacen?

¡Ay, no!
Un coche se avería.
Va al taller mecánico.

taller mecánico

neumático

Se levanta el coche.
Se quita el neumático pinchado.
Se coloca un neumático nuevo.

El coche se descompone. El mecánico cambia la batería. Esto ayuda a que el coche funcione mejor.

Es hora de revisar las luces.
Delanteras y traseras.
Izquierda y derecha.
¡Parpadea! ¡Parpadea!

El mecánico revisa el motor.

¡Bruum!

¡El coche está arreglado!

motor

Los mecánicos arreglan autos.
¡Ayudan a las personas
a trasladarse!

taller mecánico

neumático

¿Lo encontraste?

batería

motor

SPOT

Publicado por Amicus Learning, un sello de Amicus
P.O. Box 227, Mankato, MN 56002
www.amicuspublishing.us

Library of Congress Cataloging-in-Publication Data
Names: Golkar, Golriz, author.
Title: Mecánicos / by Golriz Golkar.
Other titles: Mechanics. Spanish
Description: Mankato, MN : Amicus Learning, an imprint of Amicus, [2026] | Series: Ayudantes de la comunidad | Audience term: Children | Audience: Ages 4–7 | Audience: Grades K–1 | Summary: "Mechanics fix cars, change tires, and more. Learn how they help the community in this low-level beginning reader that reinforces new Spanish vocabulary with a search-and-find feature. A great early social studies book that will inspire kindergartners and first graders to learn about jobs in their community. Translated into North American Spanish"— Provided by publisher.
Identifiers: LCCN 2024051317 (print) | LCCN 2024051318 (ebook) | ISBN 9798892006712 (library binding) | ISBN 9798892007313 (paperback) | ISBN 9798892007917 (ebook)
Subjects: LCSH: Automobile mechanics—Juvenile literature. | Occupations—Juvenile literature.
Classification: LCC HD8039.M34 G6518 2026 (print) | LCC HD8039.M34 (ebook) | DDC 629.28/7023–dc23/eng/20241227
LC record available at https://lccn.loc.gov/2024051317
LC ebook record available at https://lccn.loc.gov/2024051318

Ana Brauer, editora
Deb Miner, diseñador de la serie
Sara Hood, diseñador de libro y investigación fotográfica

Créditos de Imágenes: Dreamstime/Industryviews, 10–11; Getty Images/Matthew Ng, 6-7, Yagi-Studio, 12–13; Shutterstock/f.t.Photographer, 14, LightField Studios, cover, Ljupco Smokovski, 1, Memory Stockphoto, 4–5, Roman Chazov, 3, Tong_stocker, 8–9

MECÁNICOS